# La mer

par *JJI*

« *et je suis brique par brique* »
*DB d'été -one*

*à mon pas plus petit frère.*

# *Chapitre 1*

vie sur le récif a toujours été mouvementée. Je me souviens quand j'étais tout monde vairon utilisé pour tisser dans et hors du corail comme elle était leur propre salle gym de jungle personnelle. personne ne inquiet sujet requins si près de la terre et les pêcheurs étaient bizarres après poissons comme thon marlin donc je n'avais rien à craindre d'être un petit poisson d'ange. Le seul problème était mon esprit aventureux. Je sentais je devais voir ce qui menti au delà notre récif de corail. pour un poisson d'ange pour aventurer trop loin verser, au delà la sécurité du corail même, était rare, mais je sentais je devais. Le récif est coloré et calme, couvert de vairon de poisson et aussi bien mûrs. nous entendions tous très bien et nous avons tous eu beaucoup de plaisir. Le jour je quittai le récif était une journée difficile pour moi, j'aurais eugens me suivre si j'avais dit au revoir, mais à ma grande consternation Juli m'a vu partir. Je n'ai pas remarqué qu'elle me suit au début mais ensuite un jour dans mon voyage j'ai vu une tache jaune chatoyant parmi les algues dessous moi. Je fis semblant ne pas remarquer, pendant ce pourrait être juste un morceau de déchets, mais comme j'ai gardé nager tout comme le jaune chatoyant parmi les mauvaises herbes ci dessous.

Je descendis les mauvaises herbes louches à la fin saillie évidente. « Qui êtes vous » j'ai dit prudence sachant pas qui il pourrait être. Juli débarquait de l'algue dans un flourish vert et jaune chatoyant. « Je suis désolé, mais vous ne pouvez pas me reprocher de demander pourquoi et où vous allez » murmura t elle affreusement. Je fermai yeux et soupirer « Juli ... pourquoi? vous savez qu'il est dangereux loin du récif. » Elle me regarda avec un visage sévère et exclamé « Je pourrais dire la même chose pour vous! nous avons menés sur le récif et vous êtes cour exécution sur eux ?! » L'expression Elle a donné mon visage avec ce commentaire ne pouvait pas être plus triste. « Je suis revenu, je voulais juste voir ce qui était ici, savez vous ce que c'est? » Juli calma et secoua ses nageoires. « Fang ... juste revenir sur le récif avec moi s'il vous plaît, vous avez dit qu'il est dangereux ici. » Elle avait raison, je ne pouvais pas partir. D'une Façon J'avais vu venir mais je devais continuer aller. J'étais déjà un jour loin du récif et Juli nouvelle le chemin retour. Par souci de vairons elle et je suis retourné à la barrière corail. Une fois les petits poissons ont été assez grands pour prendre soin d'eux mêmes je repars. J'ai dit Juli je quittais cette fois, elle insisté bien sûr je lui laisse venir aussi. « Tu es vieux pour faire seul » dit elle « vous ne survivrez pas une semaine. »

\*

Comme nous avons mis dans les profondeurs de l'océan je souviens pensé qu'il était ce que je voulais toujours, mais fond j'avais peur pour notre avenir. Au fil temps plus nous sommes à maison et les sites ont été étonnants. nous passé par un couple de baleines bleues qui nous a parlé une grotte nous devrions voir sur notre voyage. « Beaucoup de palourdes là bas,gens plus sages j'ai jamais rencontré, mais ils ne peuvent pas voir une chose » dit un. «honte qui est, vous pourriez être assez chanceux pour eux de vous raconter l'histoire du réservoir de marlin, mais c'est que si les plongeurs ont récolté leurs perles » dit l'autre.

Donc Moi et Juli suivi les instructions des baleines et fait à la grotte. les palourdes étaient énormes et se bousculées en léchant le sol dessous. Comme Juli et moi avons fait sont chemin jusqu'à la plus grande palourde du groupe nous nagé lentement et précautions raison des grands requins marteaux qui infestaient les eaux ci dessus. Il était si différent que le récif de corail nous avions aucune idée ce qui allait se passer. il pourrait y avoir un requin dans tous coins pour tous nous savions. Indépendamment de ce que nous avons ressenti de peur nous avons continué à nager.

Quand nous sommes arrivés la bénitier nous nous sommes arrêtés et regardé fixement un moment jusqu'à ce que Juli a été le premier à parler. « Bonjour, pouvez vous parler? » Elle Demandé à la palourde géante immobile. Tout Abord la palourde a pas réponse mais après une trentaine secondes louvert et a donné un sourd profond « oui, je peux, parfois » révélant une perle scintillante intérieur. Juli et moi regardé les uns autres de crainte que la palourde coincé sa langue et laisser le rouleau de perles sur le sol côté. « Ce qui vous amène à cette grotte, vous êtes un plongeur dans besoin d'une perle, je n'ai pas yeux je ne peux pas vous voir. » La palourde continue. « Non, nous sommes poissons » Julie Répondu dans un bégaiement regardant les requins ci dessus.

« Relax Juli, s'ils avaient faim ils seraient ici » dis je essayant de me rassurer autant qu'elle. Mais hélas il était non seulement sa peur des requins il y avait aussi une grande caisse couler vers nous. « Il y a quelque chose tombe nous! » Crit Juli. « Un piège pour crabes » la grande palourde dit qu'il léché sa perle une fois et a donné un sourd « Nous allons parler plus tard juste sortir de son chemin. » Juli et je me suis déplacé rapidement derrière la palourde lécher maintenant le sol et déplacer pouce par pouce. Comme le piège descendu il frappé un requin face jeter dans une rage attaquer la caisse

# *Chapitre 2*

morceaux de bois brisé au sol coulé grotte. Comme la tête du marteau arrêté raclée sans butinage plus bas et a commencé balayer le sol avec sa tête. Juli et moi étions cachés derrière le bénitier comme un homard proximité a été sauvagement arraché de la grotte par le requin et ramené au reste des requins avec un bruit de crissement fort. Une fois le requin était retour en son genre nous avons commencé lentement à nager derrière la palourde. Le sang du homard restant dans l'eau nous entoure est assez pour faire frissonner tout poisson, mais Juli a été particulièrement perturbé.

Le dernier des tessons bois faisaient lentement leur chemin vers bas comme la palourde craché à nouveau sa perle. « Ce qui était tout ce bruit, est il quelque chose mal » la palourde parlait comme un tesson de bois posé légèrement au dessus de lui. Juli brossé le tesson avec elle nageoire caudale et poussa soupir « Juste la lutte devie. » La palourde a une crainte calme de compréhension et dit sympathiquement « malheur est nous qui prennent soin d'être, car il est nous qui ... maintenant comment-se dire aller? »

Juli et moi avons parlé avec la palourde pendant heures comme il nous a parlé façon dont la grotte obtenu sauvé tant de fois par une école de marlin dirigée par un poisson en particulier réservoir nommé. Les requins ont peur d'eux tellement que quand ils étaient autour leur collent à la surface dessort vous n'auriez pas su. Ils n'ont pas commencé pêche des crabes autour la grotte jusqu'à ce que le marin disparu et les requins arrivés. La meilleure défense contre les requins les palourdes ont été les dauphins et ils étaient rarement autour.

« Wow, je pense que la mauvaise herbe de mer et retour plus verte sur le récif, Retournons maintenant, j'ai vu assez pour toute une vie. » Juli poussa soupir de choc à la fin de notre conversation avec la palourde. Je lui regardé avec un regard compréhensif mais encore dit« Je veux savoir ce qui arrive au marlin. » Stupide je sais mais ce fut une passion pour moi de chercher connaissance.

*

Donc, je voulais savoir où réservoir disparu, et Juli était m'aider trouver avec hésitation sur. Mon plan était d'attendre jusqu'à ce qu'un dauphin venu et parler avec eux, je pensais peut être, juste peut être, ils savent où commencer chercher. Heureusement Il n'a pas été longtemps avant une école de dauphins effrayés les requins en passant par la grotte. J'ai réussi à obtenir une attention dauphins, qui pour un poisson ma taille était tout fait pieds. Je ne pouvais pas aider sentiment éclipsée par la taille du dauphin, il n'a pas été aussi radicale que les baleines bleues de plus tôt mais ils sont encore beaucoup plus alors un poisson d'ange.

`` hey je suis fang`` je prudemment. `` Savez Vous ce qui arrive au marlin qui autrefois ici, `` je soupiré. Le dauphin ferme yeux et soupira avec un petit rire léger, `` oui je do`` le dauphin ouvrit yeux et sourit disant `` ils ont migré, devrait être retour dans un mois ou two.`` après avoir fini vous remercier de cette nouvelle information je demande où ils ont migré vers et il dit suivre l'eau coule ouest jusqu'à ce qu'il obliquer vers nord et nous les trouver. Alors maintenant Juli et moi avons eu un cours à prendre, un nouvel objectif, sauver la grotte en allant obtenir réservoir.

*

## *chapitre 3*

Le chemin travers la mer ouverte suit le courant était un peu excitant pour nous de dire le moins. Tout comme nous quittions la grotte nous été escortés au courant par Sammy le dauphin. Ce fut une bonne chose parce que les requins étaient encore proximité. Sammy était beaucoup plus grande que Juli et moi et ce fut un vrai plaisir d'avoir sa protection.

Une fois nous étions au courant Sammy nous a donné un dernier adieu et nagé aux autres dauphins. Pris dans le cassis nous avons construit certaine vitesse, ne sachant pas ce qui pourrait arriver et demander pourquoi il devait être deux d'nous d'aller chercher réservoir. Je suppose c'était surtout ma faute de vouloir savoir pourquoi.

Nous avons grandi fatigué de nager sur le cassis, nous sommes allés dessous et détendu dans un petit navire naufragé. Le navire a été rempli d'algues et le cuivre que la garniture plate forme avait été rouillées vert il avait été là Wial. Juli semblait avoir accepté que nous étions encore encore d'être retour sur le récif et était maintenant plus impliqué socialement dans notre voyage. Elle voulait explorer le naufrage plus que j'ai fait je viens reposais dans le courrier et laisser explorer pendant un certain temps.

*

Comme je cherchais un endroit pour reposer un ell glissèrent sa sortie d'une boîte recouverte de mousse à la fin du navire. « Qui est là? » Murmura T II comme il apparu. Je me suis approché précaution et répondu « Fang, je suis un poisson d'ange, et qui pourraient vous être? » Le ell soupiré et glissé dans la boîte, « mon nom cristal »

Julientré Le courrier et donne une lumière « Fang, vous ici? » Je regarde arrière comme Julinagé jusqu'à moi et je franchis gorge « oui, je suis ici et est donc cristal la ell, elle est dans la boîte là bas. Juli regarda vers la boîte et murmura« Oh, OK » j'ai commencé nageaient jusqu'à la plateforme, « nous ferions mieux revenir sur le courant avant les marées changer.

*

Chapitre 4

Le courant nous a miles
et encore jamais changé direction, donc une
fois plus nous avons pris un repos dessous
du courant.L'eau était polluée et on voyait à
peine dans l'eau trouble. Un bateau voile ci
dessus faisait beaucoup de bruit et semblait
filtrer l'eau dessous, donc nous avons nagé
jusqu'à lui espoir d'eau propre dans nos
branchies jusqu'à ce qu'un poisson
proximité nous parler. « Ne vont pas, il y a
un déversement de pétrole. » Dit Il dans
l'eau trouble. Pour le moins nous avions
peur, nous deux frissonna que l'eau
devenait plus en plus polluée dessus nous.
Nous avons donc parlé avec le poisson, un
petit thon, toujours grand rapport à Juli et
moi il nous a une coupe courte à la groseille
Nord les dauphins nous ont parlé. Il Dit qu'il

« connaissait le chemin parce qu'il toujours nagé là pour éviter les filets des bateaux de pêche. »

Une fois nous étions passé la marée noire nos branchies sentaient beaucoup mieux et nous avons finalement pu voir les poissons qui nous ont aidés il avait grandes nageoires et nous guidés dans le nord courant qui était fort que le cassis occidental et plus encombré.

Nous Arrivés aussi loin que l'océan Pacifique avant mi repérer un grand groupe de marlin. Nous Nagé jusqu'à eux et demandé un s'il avait vu réservoir et il nous dit qu'il avait demandé pourquoi nous recherchons pour lui. Quand nous avons dit tout ce qui était arrivé à la grotte il ouvrit yeux écarquillés en état choc. « Je vais revenir tout suite, juste avant qu'il commence à nager loin nous avons crié « attendre! »Alors il regarde arrière disant «

quoi? » Nous avons regardé avec
appréhension, « êtes vous reservoir? » Il
sourit et mit rire, « La seul et unique ... » il
commence à la grotte, comme nous l'avons
suivi nous lui mais garde contre la marée
noire. Nous avons donc bien sûr le long
chemin retour.

*

Nous étions mi chemin arrière
droit derrière réservoir quand un requin
nagé à travers la groseille presque nous
manger fois sinon pour le requin réservoir
donnant coups au visage avec son museau.
Donc Ensemble une expérience
passionnante la seule chose était quand
nous sommes revenus à la grotte les
requins avaient doublé en nombre et la
bataille contre eux failli nous avaient tué. Si
ce n'était pas pour l'école de dauphins qui
nageaient à notre aide nous aurions été
mangé à coup sûr.

Réservoir a été blessé en partie travers et à la fin il mort pour que grotte à ce jour est maintenant défendu que par les dauphins. Personne ne vit jamais, pas même les plus grands amis comme réservoir. Parfois vie jette requins votre chemin et il n'y a pas les éviter.

toute façon qui est l'histoire Désolé Il ne pouvait pas être un conte plus heureux. « Maintenant Allez dormir » Le petit poisson bailla et répondu « ok grand papa Fang .. bonne nuit. »

FIN

NOTES

NOTES

NOTES

NOTES

NOTES

www.ingramcontent.com/pod-product-compliance
Lightning Source LLC
Chambersburg PA
CBHW050528290526
45786CB00007B/2736